ВІКТОР ВОЛКЕР

Котик Узик та його друзі

ПРИГОДИ НА ЗАЛІЗНИЦІ

ТАЄМНИЦІ ВОДИ

SPACE ONE

Чудеса навколо нас

УДК 821.161.2'-06-343-93
В67

Художник *Оксана Розман*

Волкер, Віктор.
В67   Котик Узик та його друзі. Пригоди на залізниці. Таємниці води / Віктор Волкер ; худ. О. Розман. — Київ : СПЕЙС ВАН, 2020. — 48 с. : іл.

ISBN 978-617-7999-05-7

І діти, і дорослі знають, що кожна людина має свого ангела-охоронця, який завжди оберігає її та застерігає від поганих вчинків. Проте не всім відомо, що і кожна річ має свої талісмани. Хтось у це вірить, хтось — ні. Але той, хто має добре й щире серце, іноді може бачити ці талісмани.

УДК 821.161.2'-06-343-93

Літературно-художнє видання

Волкер Віктор

Котик Узик та його друзі
Пригоди на залізниці. Таємниці води

Коректор *Ю. Дворецька*
Художник *О. Розман*
Верстка *І. Білокінь, Ю. Дворецька*
Відповідальний за випуск *В. Волкер*

Підписано до друку 01.06.2020
Формат 84х108/16. Гарнітура BIP
Папір крейдований. Друк офсетний.
Ум. друк. арк. 5,04. Наклад 11200 прим.

Видавництво «СПЕЙС ВАН»
Свідоцтво про внесення до Державного реєстру видавців
ДК № 7056 від 18.05.2020
04070, м. Київ, вул. Іллінська, 8
+38 (063) 677-64-16, space-one@ukr.net

SPACE ONE

ISBN 978-617-7999-05-7

І діти, і дорослі знають, що кожна люди-
на має свого ангела-охоронця, який завжди
оберігає її та застерігає від поганих вчинків.
Проте не всім відомо, що і кожна річ має
свої талісмани.

Хтось у це вірить, хтось — ні. Але той,
хто має добре й щире серце, іноді може
бачити ці талісмани.

Ось і залізна дорога має свій особливий талісман — це котик Узик.

Як ви, мабуть, уже здогадуєтеся, талісман залізниці — незвичайний котик, як і його друзі: жабка Розумничка, песик Кмітливчик, кротик Похмурчик і горобчик Вітерець.

Усі вони володіють надзвичайними уміннями, які використовують для добрих справ. Наприклад, кротик володіє силою землі, жабку слухається вода, песик розуміється на усій сучасній техніці, а маленький горобчик уміє керувати вітром. Сила котика — вогняна, хоча й інші стихії теж його слухають.

Разом зі своїми друзями він оберігає залізницю від самого початку її створення та захищає від витівок лиходіїв — Залізяки Буки і його посіпак.

Колись Залізяка Бука теж був чарівним талісманом, та одного разу образився на людей, які недооцінили його допомогу. Відтоді він тільки й шукає можливості прославитися своїми недобрими справами.

Проте відважні талісмани-охоронці стають йому на заваді і не дають зашкодити залізниці...

Про їхні пригоди і будуть наші історії.

Таємниці води

Свіжий, холодний вітер бавився сніжинками, підкидав їх угору, а потім знову ніс до землі. Сніг поблискував під променями скупого на тепло, але яскравого зимового сонечка. Такий погожий зимовий день ніби сам кликав на прогулянку. Однак дивна компанія, яка повільно підіймалася схилом гори, зібралася зовсім не на прогулянку.

Найбільший з них був схожий на якогось робота: тулуб йому заміняв сміттєвий бак, а на залізній голові сиділа кришка від того ж таки бака, як великий капелюх. Замість ніг йому слугували коліщатка,

якими він дрібно переби-
рав, аби не послизнутися,
а очі-лампочки сердито ми-
готіли. За ним підтюпцем
поспішала решта компа-
нії: викрутка з довгим но-
сом, яким вона крути-
ла на всі боки, куценька
кругла гайка й тонкий
і високий гвинтик. А най-
останнішим брів важкий
і трохи іржавий молоток —
він постійно шпортався і ледве переставляв
ноги.

— Гей, Тяпе-Ляпе, не засни по дорозі! —
крикнула молоткові гайка, яку прозивали
Буркотункою, бо найбільше вона полюбля-
ла дражнити інших та бурчати. — А то ми
тебе тут і покинемо!

— Ще хто кого покине, ти, непотрібна залізяко! — і собі давай сваритися молоток.

— Та від вас обох користі — жодної! — пхинькнула довгоноса викрутка, яку звали Злодійкою.

— От зараз я тобі покажу, хто тут буде плакати! — зашипів молоток і погнався за викруткою, яка, втікаючи, дала копняка гайці.

Ураз зчинилися бійка і лемент, в яких не брав участі тільки гвинтик Ледащо: йому просто було ліньки штовхатися.

Залізяка Бука (а це був саме він) озирнувся й побачив свою горе-команду, що вже з писком і вереском качалася по землі, як один клубок.

— Що це за бійка?! — гримнув він, зняв з голови залізного капелюха і кинув ним просто у купу забіяк.

Бум, трісь! Усі розбишаки відразу перестали битися і зля-кано повер-нулися до сво-го командира.

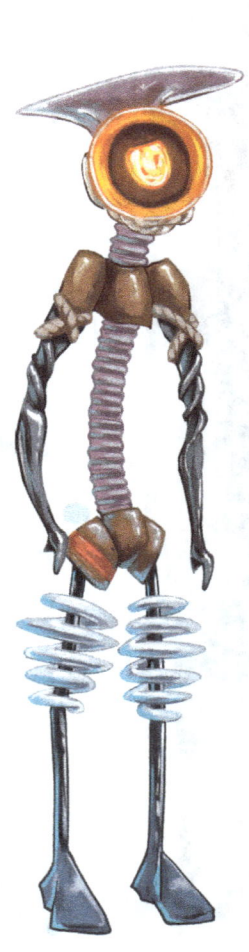

— Босе, а він назвав мене нік-чемою! — викрут-ка першою вистрибнула наперед, зашморгала своїм носом, вдаю-чи, що плаче, і тицяючи пальцем у бік молотка.

— Ні, це вона назвала мене брухтом! — закричав молоток, так само тицяючи пальцем у викрутку.

— А вони обоє... — запищала гайка, але Залізяка Бука гримнув на них усіх, блимаючи своїми лампочками.

— Ану, тихо! Від вас усіх тут користі — як кіт наплакав! Мали б дякувати, що я знайшов вас на звалищі й тепер витрачаю на вас свій дорогоцінний час!

— Дякуємо, босе! — відразу посмирнішала уся недолуга компанія і підбігла до свого шефа.

— Отож-бо, — зверхньо зиркнув на своїх посіпак Залізяка. — А тепер вгомоніться і поквапеся —

нам потрібно дістатися аж туди! — він вказав рукою на кам'яну верхівку гори. — А за те, що ви своїм галасом зіпсували мій настрій, ви мене туди понесете.

— Але ж босе... — пискнув було молоток, але Залізяка Бука так люто завертів своїми очицями, що той відразу принишк.

Розбишаки, зітхаючи, підхопили з чотирьох боків свого командира і слухняно понесли вгору...

А тим часом інша команда подорожувала в одному з вагонів потяга, який швидко біг залізницею. За вікном виднілися зелені, порослі лісом схили гір, присипані блискучим на сонці снігом.

— Як гарно! — замріяно сказала жабка Розумничка, милуючись гірськими краєвидами. — Хоча річки я полюбляю найбільше, але й гори — дуже красиві.

— Ці гори звуться Карпати, — пояснив кротик Похмурчик. — В Україні вони простягаються майже на триста кілометрів завдовжки та на більш ніж сто кілометрів — завширшки. А найвища гора має назву Говерла.

— Як цікаво! — цвірінькнув горобчик Вітерець. — Кротику, розкажи, будь ласка, ще про гори, — попросив він.

— Гаразд, — радо погодився Похмурчик. Але продовжити свою розповідь він не встиг — за вікном раптом потемніло, ніби день миттєво перетворився на ніч.

— Ой, що це, що сталося? — злякався горобчик. Однак відразу в усіх вагонах увімкнулося світло.

— Не бійся, Вітерцю! — засміявся котик Узик, заспокоюючи друга. — Нічого не сталося, ми просто заїхали у тунель під горою.

— Справді, саме тут, у Карпатах, найбільша кількість підземних тунелів на усій залізниці, — погодився Похмурчик. — Люди й техніка багато трудилися, щоб тепер потяги могли швиденько пробігати під горою, наче кротики по своїх нірках, і проходити крізь гору.

Та поки друзі ділилися одне з одним цікавими розповідями, злодії теж не гаяли час. Гайка, викрутка, молоток і гвинтик, крекчучи, якраз майже донесли свого важкого шефа до самої верхівки гори. Але далі зледеніла кам'яна брила стрімко здіймалася вгору, і їхні коротенькі залізні ніжки безсило ковзали по ній.

— Ми не можемо далі, босе! — пискнула гайка, яка вже ледь трималася на ногах.

— Ану, мовчати! Швидше йдіть, не тупцюйте на місці! — гаркнув на підлеглих Залізяка, якому дуже сподобалося підійматися вгору, не докладаючи жодних

зусиль. А те, що значно дрібнішій четвірці справді важко його нести, командирові злодіїв було байдуже.

— А навіщо ми взагалі туди йдемо, босе? — прохрипів гвинтик, у якого тоненькі коліна вже ходили ходором від напруження.

— Бачите отой величезний камінь на самій верхівці? — охоче поділився своїми злодійськими планами Залізяка. — Його потрібно зрушити з місця та скотити вниз із гори — так, щоб він упав просто на залізничну колію. Тоді жоден поїзд не зможе проїхати! І більше ніхто не зможе подорожувати горами!

— Геніально, босе! — улесливо обізвався молоток Тяп-Ляп.

— Чудовий план! — і собі піддакнула викрутка Злодійка.

— А хто буде підіймати той камінь? — поцікавилася гайка Буркотунка.

Шеф злодіїв тільки розсміявся.

— Звісно, ви, четверо пустоголових, нікчемних....

— Ой-ой-ой! Рятуйте! — закричала раптом викрутка.

Вона не втрималася на ногах, перечепилася і, прослизнувши під дном сміттєвого бака, покотилася вниз по схилу гори. Інші троє, котрі й так заледве тримали свою неповоротку ношу, тепер і зовсім втратили сили.

— Ой-ой-ой!!! Падаємо!

Разом із Залізякою Букою на руках вони не втримали рівновагу та покотилися вниз усі разом — зі страшенним гуркотом і брязкотом.

— Що ви нароб-б-б-и-и-и-л-л-л-и-и-и! — горлав найголосніше Залізяка, що котився сторчма з гори із шаленою швидкістю. Сніг налипнув на нього, як і на інших, і тепер замість залізних злодіїв вниз летіли

величезні снігові кулі. Разом із ними донизу посунулася й інша маса снігу — туди, де під горою поблискували рейки залізниці, по яких мчав потяг.

П'ять здоровенних снігових куль упали одна біля одної та перегородили дорогу потягові, який уже наближався до них, а снігова хвиля накрила їх зверху.

— Здається, ми спіймали поїзд, — нерішуче сказала одна снігова куля, що упала просто перед потягом, який мусив зупинитися.

— Так, чудово! Це і був мій геніальний план! — заволала інша куля голосом Залізяки Буки. — Звичайно ж, я знав, що ви, невдахи, не зможете винести мене на гору, і ми всі спустимося донизу вже в снігових кулях. І не дамо проїхати поїздові!

— Прекрасно, босе! — відповіла інша куля голосом гвинтика.

— І ви ж, звісно, запланували, як нам звідси вибратися? — з надією писнула викрутка Злодійка, якій зовсім не хотілося непорушно лежати у сніговому полоні.

— Цього я не планував... — неохоче зізнався Залізяка, й інші чотири кулі відразу заволали різними голосами:

— Рятуйте! Допоможіть! На поміч!

— Ану, тихо! — гримнула найбільша куля. — Не заважайте мені думати...

Поїзд зупинився дуже несподівано, аж заскреготіли залізні рейки під його колесами, і день знову перетворився на темну ніч.

— Ми знову в тунелі? — несміливо запитав горобчик.

Від страху ще раз опинитися в темряві його врятував друг Узик, адже вогняний котик мав силу керувати стихією світла й тепла. І вигляд він мав незвичайний: шерсть на усьому тільці, аж до кінчиків м'якеньких лапок, була ясно-блакитного кольору, а на голові, просто між вушками, тріпотіло маленьке полум'я. Тож тепер, коли світло у вагоні, попри очікування, не увімкнулося, він змусив свій вогонь розгорітися сильніше.

— Якщо ми в тунелі, тоді чому немає світла? — пролепетала спантеличена жабка. — І чому ми зупинилися?

— Потяги не зупиняються в тунелях. Схоже, наш поїзд втрапив у якусь біду, — спохмурнів Узик, а полум'я над його головою, як і він увесь, змінило свій колір. Тепер котик став вогненно-червоним, а його полум'я засяяло біло-блакитним, перетворюючись на справжній фонтан світла. Так траплялося завжди, коли він сердився.

— Мабуть, це якісь злі витівки Залізяки Буки, — погодився з ним собачка Кмітливчик.

— Потрібно вибиратися звідси і переві-
рити, що сталося! — рішуче крикнула жабка,
і всі друзі зібралися біля котика.

— Командо, вперед! — вигукнув Узик і побіг першим, освітлюючи шлях своїм товаришам, які кинулися його наздоганяти.

Ледве вони вибралися назовні, як побачили невтішну картину: потяг опинився в полоні, до половини засипаний снігом.

— Чому снігу так багато і чому він упав в одному місці? — здивувалася жабка, якій ще не доводилося бачити подібного.

— Це зійшла снігова лавина, — пояснив Узик.

— А що таке лавина? — поцікавився горобчик. Він вискочив на саму верхівку снігової кучугури; інші теж видряпалися за ним.

— Так називають природне явище, коли багато снігу разом зсовується з високих гір донизу. Це дуже небезпечно, адже рухається сніг з великою швидкістю і змітає усе на своєму шляху...

— Виходить, наші злодії тут ні до чого? — почухав лапкою потилицю кротик.

— Рятуйте! Допоможіть! На допомогу! — почулося звідкись попереду, і друзі відразу поспішили туди.

Звуки долинали з велетенських снігових куль.

— Там хтось є! Потрібно їх звільнити! — сплеснула лапками жабка.

— Кротику, ти зможеш прокопати тунель у кулю? — запитав Узик у свого товариша, який славився умінням швидко зробити хід у будь-якому ґрунті.

Однак той тільки розгублено похитав головою.

— Аби вони були під землею, я б дістався до них миттю! Але сніг — не моя стихія, я боюся холоду, — чесно зізнався він.

— Що ж тоді робити? — сполошилися Кмітливчик і Вітерець: їхні уміння теж не могли тут зарадити.

— Ніхто з нас не вміє керувати снігом, — розвів крильцями горобчик.

— Але ж Розумничка може керувати водою! — заперечив Узик.

— До чого тут вода? Сніг — холодний і твердий, він зовсім на неї не схожий, — здивувався Вітерець.

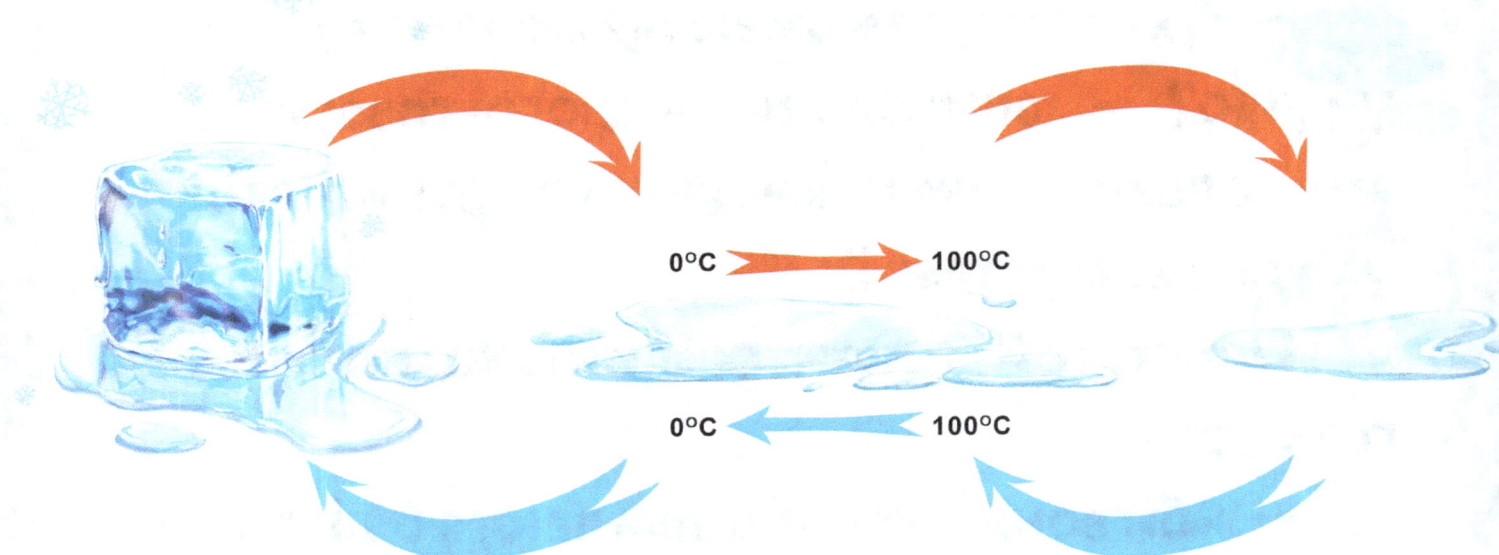

— Вода має свою чарівну таємницю, — пояснила жабка. — Ця стихія дуже мінлива. Залежно від того, в які умови вона потрапляє, вода може змінювати свою форму. Ми звикли до води, яка є рідиною. Проте вода може ставати твердою — коли температура знижується, тобто стає дуже холодно, вода з рідини перетворюється на лід! А краплинки води, які падають із хмар як дощ, у холодну пору перетворюються на сніжинки. Тобто сніг — це теж вода!

— Тоді сніг потрібно розтопити! — запропонував собачка Кмітливчик. — І зробити це можна завдяки вогню нашого Узика.

— Так, але тоді ми всі опинимося просто посеред величезного озера, — похитав головою котик. — Разом із потягом, який не вміє плавати....

— Ква! Тоді скористаємося ще однією таємницею води! — радо підстрибнула жабка. — За дуже високих температур вода з рідини перетворюється на пару, тобто піднімається в повітря! **А у повітрі ніхто потонути не може!**

— Чудово! Тоді ми знаємо, що робити! — і собі зрадів Узик. — Друзі, допомагайте мені!

Котик закрутився на місці, перетворюючись на невеличкий вогняний вихор. Вогонь розійшовся у всі боки. Там, де він доторкався снігу, униз побігли краплини води. Горобчик теж не стояв осторонь: він замахав крильцями, направляючи силу вітру, і вітер роздмухував блакитне полум'я далі, на усю снігову площу. З поїзда донизу закапав справжній дощ, який почав

38

зливатися в струмочки, а потім — у невеличку річечку. За кілька хвилин навколо і справді розлилося справжнє озеро. А посеред нього намагалися плавати... залізні злодії!

— О, так он хто направив сюди стільки снігу! — викрикнув горобчик, вказуючи на Залізяку Буку і його посіпак. — Влаштували нам пастку і самі в неї втрапили!

— Не до них зараз! — махнув лапкою котик. — Потрібно перетворити воду на пару!

Жабку Розумничку просити не довелося: вона зістрибнула просто у воду і, змахнувши лапками, змусила воду піднятися вгору високою хвилею. Узик змусив свій вогонь запалати ще яскравіше — тепер

навколо котика палахкотіла величезна вогняна куля. І вітер, який зірвався з крил горобчика, направив цей вогонь просто на водяну хвилю...

Зустрівшись із вогнем, вода зашипіла, наче тисяча сердитих кішок, і ціла хмара білої пари огорнула команду відважних рятівників... А вже за мить невагома пара, підхоплена поривами вітру, злетіла угору, лишаючи дорогу відкритою.

— Ура! У нас вийшло! — закричали друзі, радіючи своїй перемозі. Завдяки їхнім спільним зусиллям снігові замети перетворилися на білу хмарку, і нічого більше не заважало потягові їхати далі.

— Погляньте, злодії втікають! — закричав горобчик, який з висоти першим побачив

п'ятьох залізних розбишак, які чимдуж бігли геть.

— Куди ви! Замерзнете! — крикнула їм услід жабка, але ті не зупинилися.

— Хоча вони й лиходії, але все одно їх шкода, — зітхнула Розумничка. — Мокре залізо у мороз швидко вкриється льодом...

— Нехай біжать, будуть знати, як капості робити! — пробурчав Похмурчик. — Правду

кажуть: не рий яму для інших — сам у неї втрапиш!

Потяг забурчав, ніби прокинувся, і рушив уперед, набираючи швидкість. І талісмани залізниці теж поспішили сховатися у ньому, аби разом продовжити мандрівку. Вони вже не бачили, як обабіч залізної дороги заклякли п'ять залізних бурульок.

— Що тепер робити, босе? — прошамкотіла одна бурулька, з довгим тонким носом.

— Я не можу поворухнутися! — поскаржилася інша.

— І я теж!

— Який у нас план, шефе? — пискнула найменша, кругленька, що недавно була гайкою Буркотункою.

— Який план, який план... — передражнила її найбільша, наймасивніша буруля, схожа на кривий льодяний стовп. — Будемо чекати весни!

А потяг весело попрямував далі, між зелених лісистих гір, укритих білими сніговими шапками.

Далі буде...